VIAGEM PELO UNIVERSO

o lar de tudo o que existe

Texto
Gisela Socolovsky

Ilustração
Silvina Socolovsky

Ciranda Cultural

FOI ASSIM QUE TUDO COMEÇOU
A TEORIA DO BIG BANG

NASCEMOS DE UMA GRANDE EXPLOSÃO!
Tudo estava concentrado em um ponto. Um ponto menor do que a cabeça de um alfinete!

Antes do surgimento do universo, não existia nada. **NADA**: nem o espaço, nem os planetas... Nem o tempo! Você consegue imaginar?

Esse ponto estava **tão apertado e quente**... que explodiu! A essa grande explosão, foi dado o nome de **Big Bang**!

UM FUNIL GIGANTE
Como foi aparecendo tudo o que existe? Os cientistas representam a história do universo como um funil gigante.

Big Bang

Foi há 14 bilhões de anos!

Alguns segundos depois da grande explosão, apareceram as primeiras partículas.

380 mil anos depois, apareceram os átomos.

200 milhões de anos depois, as primeiras estrelas.

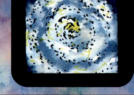
1 bilhão de anos depois, formou-se a Via Láctea.

O **Big Bang** liberou **matéria e energia** em todas as direções, a uma velocidade tão grande que até hoje o universo continua se expandindo. É como se você estivesse enchendo uma bexiga...

O universo vai ficando frio e cada vez maior.

EXPANSÃO DO UNIVERSO

FAÇA O TESTE
Em uma bexiga vazia, desenhe vários pontinhos, como se fossem as galáxias; depois infle-a. Os pontos se afastam, certo? **Imagine que a bexiga** é o universo em expansão!

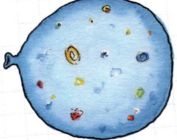

UMA DESCOBERTA INCRÍVEL
Em 1929, o astrônomo **Edwin Hubble** observou que as galáxias estavam se afastando umas das outras... Foi um avanço muito importante, tanto que existe um telescópio espacial com o nome dele.

O QUE HÁ NO UNIVERSO?

Existe uma infinidade de **corpos celestes** de tamanhos, cores, formas e temperaturas diferentes. A maioria da matéria se agrupa formando **galáxias**. Nelas, há muitas estrelas, sistemas planetários, buracos negros, poeira interestelar, gases, asteroides, meteoros e cometas. Além disso, **milhões de ondas ou radiações** viajam pelo espaço, **sob a forma de luz e calor**.

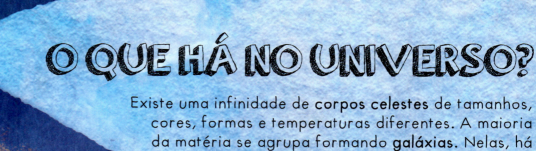

Buraco negro

Estrelas

MATÉRIA ESCURA
Ocupa grande parte do universo. É chamada assim porque **não reflete a luz** e é um grande mistério para a ciência. Um pouco assustador, não?

Galáxias

Meteorito

Planetas

O sistema solar nasceu há 4,5 bilhões de anos.

A vida na Terra surgiu há 3,5 bilhões de anos.

Os dinossauros apareceram há 230 milhões de anos.

Nossos antepassados, há 2,5 milhões de anos.

O presente

Cometas

AINDA HÁ MUITO O QUE DESCOBRIR NESSE IMENSO COSMOS!

Mergulhe em uma grande aventura com este livro!

As forças que movem o universo

FORÇA DA GRAVIDADE
Faz com que um corpo atraia outro. É a força que **nos mantém firmes na Terra** e faz com que ela se mova, seguindo uma órbita ao redor do Sol.

FORÇA NUCLEAR
Está presente no **núcleo dos átomos** e pode ser muito potente.

FORÇA ELETROMAGNÉTICA
É a **força dos ímãs**. Com ela, as partículas elétricas se atraem ou se repelem.

5

SOMOS UMA PARTÍCULA DE POEIRA

O universo é incrivelmente grande, mais do que podemos imaginar!

NOSSO LUGAR NO UNIVERSO
O planeta Terra faz parte do Sistema Solar, que está na Via Láctea, em um braço espiral de uma galáxia chamada "braço de Órion".

Via Láctea

Sistema Solar

Terra

Braço de Órion

ESTAMOS AQUI!

Ninguém sabe o tamanho exato do universo. Não se sabe onde ele começa e onde termina. Por isso, é muito difícil fazer um mapa completo do cosmos. Só conhecemos uma pequena parte dele.

GRANDE OU PEQUENO?
Tudo pode ser grande ou pequeno, depende da comparação feita. **Nosso planeta Terra**, apesar de ser tão grande, é como uma partícula minúscula de poeira se comparada com o universo.

A medida correta

Medimos as formigas em **milímetros**.

A distância entre dois pontos, em **metros**.

A distância entre cidades, em **quilômetros**.

Para medir distâncias tão imensas como as do universo, inventaram os **anos-luz**.

QUANTOS ZEROS!
A galáxia mais próxima da nossa é a **Andrômeda**, e está a 2,5 milhões de anos-luz de distância, nada menos que 23.651.827.000.000.000.000 km (mais que 150 bilhões de vezes a distância da Terra até o Sol)!

O TEMPO NO ESPAÇO

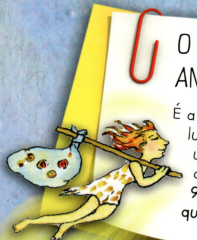

O QUE É UM ANO-LUZ?
É a distância que a luz percorre em um ano. Equivale a cerca de **9,5 trilhões de quilômetros**.

Você acha que o tempo transcorre sempre igual?

A VELOCIDADE DA LUZ
A luz viaja a uma velocidade recorde: 300.000 km/segundo. No tempo que você leva para dizer "um", a luz consegue dar sete voltas na Terra.

Tudo é relativo...

EINSTEIN ERA UM GÊNIO
Em sua Teoria da Relatividade, ele explicou que o TEMPO e a VELOCIDADE dos corpos são relativos.

Por exemplo, se você está parado na plataforma, e um trem passa a 100 km/h, vai parecer que ele está mais rápido do que se você estivesse na mesma direção em um carro a 90 km/h.

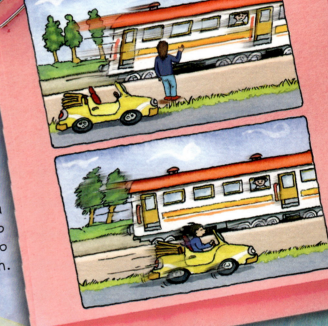

VIAGEM NO TEMPO
Embora seja difícil de crer, alguns cientistas acreditam que um dia conseguiremos viajar para o futuro.

O TEMPO NÃO PASSA SEMPRE DO MESMO JEITO...

Imagine que você vai viajar pelo espaço, à velocidade da luz (o que hoje é impossível), durante 5 anos...

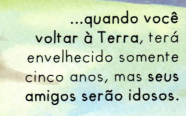

...quando você voltar à Terra, terá envelhecido somente cinco anos, mas **seus amigos serão idosos**.

GALÁXIAS DE UM LADO, ESTRELAS DE OUTRO

MILHÕES E MILHÕES DE ESTRELAS SE AGRUPAM EM MILHARES E MILHARES DE GALÁXIAS.

Conjuntos enormes de estrelas **estão sempre se expandindo, assim como todo o universo**. No começo, elas eram bem menores e estavam mais próximas.

Com esse movimento, ocorreram colisões de galáxias que resultam em enormes explosões! **Algumas galáxias** se juntaram e se tornaram ainda maiores.

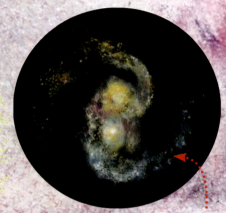

Choque de galáxias

TIPOS DE GALÁXIAS

Nossa galáxia é a Via Láctea. Ela parece uma grande faixa branca no céu escuro.

VIA LÁCTEA

Seu nome significa "caminho de leite". Tem forma de espiral e calcula-se que nela existam entre 200 e 400 bilhões de estrelas.

Existem galáxias de diferentes formas e tamanhos.

Forma de espiral

Andrômeda

Forma elíptica

Galáxia do Sombreiro

Forma irregular

Grande Nuvem de Magalhães

OUTRA FORMA DE VER

Em meio a tanta poeira e gás de nebulosas e galáxias, é difícil distinguir as estrelas. Graças aos magníficos telescópios espaciais, descobrimos muito mais sobre elas.

- Painel solar
- Telescópio
- Câmera de instrumentos científicos
- Depósito de hélio
- Antenas de recepção de raios infravermelhos
- Rastreador de estrelas

SPITZER
É UM OBSERVATÓRIO ESPACIAL INFRAVERMELHO

Este telescópio é capaz de detectar um tipo de luz que reflete a temperatura dos objetos.

Olhe como é a imagem desta ave com os infravermelhos!

VISÍVEIS E INVISÍVEIS

Nossos olhos captam a luz, porém, existem muitos tipos de ondas que não conseguimos ver.

Existem ondas invisíveis que utilizamos diariamente, quando escutamos rádio ou usamos o micro-ondas.

Você já tirou uma radiografia?

ESPECTRO ELETROMAGNÉTICO

Raio · Micro-ondas · Raios X

Infravermelhos · Luz visível · Ultravioletas

CLASSIFICANDO AS ESTRELAS

Para estudar as estrelas, os astrônomos levam em conta diferentes aspectos.

Sabia que existem mais estrelas no universo do que grãos de areia na Terra?

COR E CALOR

Já notou que nem todas as estrelas têm a mesma cor? As mais frias são avermelhadas, já as mais quentes, azuladas. O Sol, que tem uma temperatura intermediária, é amarelado.

MAGNITUDE

Nem todas as estrelas têm o mesmo brilho. Algumas chegam a ser um milhão de vezes mais brilhantes que o Sol. Na astronomia, esse aspecto é referido quando se fala da magnitude de uma estrela.

Sol · Betelgeuse · Antares

TAMANHO

O tamanho de uma estrela depende de sua idade. Elas são nomeadas de acordo com seu tamanho e sua cor: **anã branca**, **gigante vermelha** ou **supergigante azul**

A VIDA DAS ESTRELAS

As estrelas estão cheias de gás superquente, principalmente hidrogênio e hélio.

SABIA QUE CADA ESTRELA QUE VOCÊ VÊ NO CÉU É UMA BOLA DE FOGO ENORME?

O hidrogênio pode ser encontrado em quase toda matéria, até no ar e na água do nosso planeta!

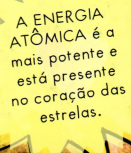

A ENERGIA ATÔMICA é a mais potente e está presente no coração das estrelas.

AS ESTRELAS NASCEM E MORREM.

AS ESTRELAS NASCEM AQUI

NEBULOSA
Nesta nuvem gigante de poeira e gás, as partículas se unem e começam a queimar e a explodir. Assim, dão origem a uma estrela, que vai evoluir até morrer.

PEQUENAS OU MÉDIAS

Vivem trilhões ou quatrilhões de anos e morrem lentamente.

Assim é o nosso Sol.

ESTRELAS MASSIVAS

São bem maiores e brilhantes que o Sol. Vivem menos, porém mais intensamente.

Quando acaba seu combustível, elas se transformam em...

GIGANTE VERMELHA
Estas estrelas se expandem quando o hidrogênio acaba. Elas se tornam tão grandes que engolem tudo o que as cerca.

Ao consumir todo o hidrogênio, tornam-se enormes.

SUPERGIGANTE VERMELHA
Começa a utilizar outros combustíveis até chegar ao ferro de seu núcleo, então...

10

 UMA PEQUENA PARTE DE UMA ESTRELA PODERIA ILUMINAR A TERRA INTEIRA.

 Com tanto calor e pressão, **os átomos** se misturam, colidem, se unem e explodem, como milhões de bombas em um segundo. É assim que a luz e o calor das estrelas **surgem**.

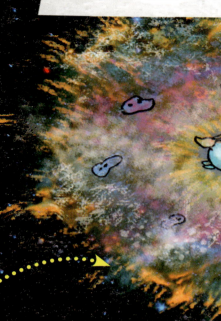

NEBULOSA PLANETÁRIA
Quase toda a matéria das estrelas se dispersa. Resta apenas um núcleo com alta temperatura e muito brilhante.

Então, se aproximam de sua morte.

 **ANÃ BRANCA**
Este núcleo compacto é a anã branca. Uma colherada de sua massa chega a pesar várias toneladas.

ANÃ NEGRA
É uma anã branca que esfriou e ficou invisível.

DUAS FORÇAS LUTAM EM UMA ESTRELA

 A FORÇA DA GRAVIDADE puxa para dentro.

 A FORÇA DOS ÁTOMOS luta para escapar.

 As duas se mantêm em equilíbrio durante quase toda a vida da estrela.

ESTRELAS DE NÊUTRONS
Uma porção de sua matéria, do tamanho de uma bolinha de gude, atravessaria a Terra inteira, de tão pesada.

Toda a matéria se dispersa, restando apenas um núcleo pequeno e muito compacto.

Ocorre uma explosão enorme, que brilha **mais que toda a galáxia!**

VIRA UMA SUPERNOVA.
Assim morrem as estrelas massivas.

Pode se contrair até ficar tão densa que absorve tudo ao seu redor.

 **BURACO NEGRO**
Nada consegue escapar dos buracos negros, nem mesmo a luz.

11

O SOL
UMA ESTRELA ENTRE MILHÕES

Ai, que calor!

PODEMOS VIAJAR ATÉ O SOL?
Claro que não, ou nos queimaríamos! Imagine quão quente é o Sol: sua superfície tem uma temperatura de 5.000°C, e em seu núcleo, **15 milhões de graus!** Enquanto nós, com temperatura de 35°C, já queremos pular na piscina...

Que enorme!
Nele, cabe mais de um milhão de Terras.

Sirius
Antares
Galáxia M110

FELIZ ANIVERSÁRIO
Teríamos de acender 4,6 bilhões de velas para o Sol!

O FUTURO DO SOL

Como todas as estrelas, o Sol também esgotará suas reservas de hidrogênio. Vai se converter em uma **gigante vermelha** e engolirá a Terra!

*Mas **não** se preocupe. Isso só vai acontecer daqui a bilhões de anos!*

Veja em que etapa de sua vida o Sol está:

 NASCIMENTO DO SOL

 O SOL AGORA

 SUPERGIGANTE VERMELHA

 ANÃ BRANCA

Bilhões de anos
0 1 2 3 4 5 6 7 8 9 10 11 12 13 14

TÃO PERTO, MAS TÃO LONGE
O Sol é a estrela mais próxima da Terra.

Está a **150 milhões de quilômetros de distância**. No universo, isso é bem pouco.

De carro, levaríamos cerca de **170 anos** para chegar até lá.

É o mesmo que dar **4 mil voltas ao redor da Terra!**

Sua luz nos alcança em 8 minutos!

O SOL SE MOVE?

Embora você não sinta, o Sol tem seus próprios movimentos de **rotação** e **translação**.

O **Sol roda em seu próprio eixo**, como um pião. Como não é um sólido rígido, gira mais rápido em sua linha do equador do que em seus polos. Demora cerca de 30 dias para completar um giro.

Além disso, **desloca-se ao redor do centro de nossa galáxia**, a Via Láctea. Demora cerca de 230 milhões de anos para dar uma volta.

Andrômeda

Galáxia do Sombreiro

Sol

COMO É O SOL?

Assim como uma cebola, o Sol tem **várias camadas**. Da Terra, vemos apenas uma delas, a fotosfera, que tem algumas zonas escuras, as manchas solares. Durante os eclipses solares, dá para ver a cromosfera e a coroa solar.

FOTOSFERA
É a camada externa do Sol, aquela que observamos normalmente.

NÚCLEO
Aqui é gerada a energia do Sol. A temperatura é mais alta do que você pode imaginar!

COROA SOLAR
É a atmosfera do Sol, muito ampla e formada por gases bem quentes. Nela, ocorrem explosões e movimentos constantes: é o que chamamos de "atividade solar".

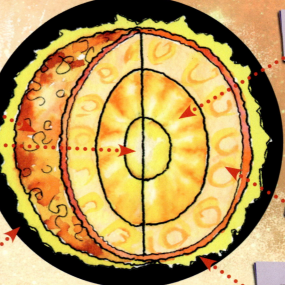

ZONA RADIATIVA

ZONA CONVECTIVA

CROMOSFERA

13

MARAVILHAS SOLARES
Vemos o Sol como uma pequena esfera de luz...

GRAÇAS A ELE, TEMOS LUZ, CALOR E VIDA NO NOSSO PLANETA.

RAIOS PERIGOSOS
O Sol tem muitíssima energia e emite milhões de raios que não vemos, mas que podem nos causar danos. Por isso, é preciso usar **protetor solar no corpo todo**.

MUITO IMPORTANTE!
Não olhe para o Sol se não tiver equipamento próprio para isso; nem diretamente, nem com binóculos ou telescópios. **Pode prejudicar sua visão!**

SE O SOL É UMA ESTRELA, POR QUE O VEMOS DE DIA?
Por estar bem mais perto do que as outras estrelas, sua luz tinge o céu de azul-claro e esconde os outros astros. Quando não nos ilumina, há escuridão. É a nossa lâmpada!

Satélite danificado pelo vento solar

UM PROJETOR SOLAR
Com este método simples, você pode observar o Sol. Basta projetar sua luz, usando os binóculos, em um cartão branco. Lembre-se: nunca use binóculos para ver o Sol.

AURORAS POLARES
São espetáculos inesquecíveis. Ocorrem quando as radiações do Sol se acumulam nos polos terrestres, fazendo surgir **formas e cores** que dançam no horizonte. No Polo Norte, acontece a aurora boreal e, no Polo Sul, a aurora austral.

...mas ele é uma bola de fogo enorme!
QUEREMOS SABER MAIS SOBRE O SOL!

Hinode

Várias sondas espaciais estudam como o Sol influencia a Terra. Eles têm instrumentos para capturar parte da luz que nossos olhos não conseguem ver.

SOHO

Este é satélite SOHO. Do espaço, ele observa o Sol há 21 anos e envia fotos magníficas que nos permitem conhecer melhor esse astro.

Ulysses

PROEMINÊNCIAS
São várias línguas de fogo que vão da fotosfera até a coroa solar. Medem milhares de quilômetros.

VENTO SOLAR
É o nome do **movimento dos gases** que formam a coroa do Sol, que pode chegar a todas as partes do Sistema Solar.

MANCHAS SOLARES
São regiões com temperatura mais baixa e uma **atividade magnética** intensa.

TEMPORAIS SOLARES
podem afetar a Terra, alterando nossas redes de energia elétrica.

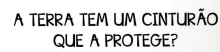

A TERRA TEM UM CINTURÃO QUE A PROTEGE?
Ao redor da Terra, existem várias zonas em forma de anéis, chamadas "cinturões de Van Allen", onde parte das radiações solares fica concentrada.

CORONÓGRAFO
Para estudar a coroa solar, inventou-se uma **lente para telescópio** que tapa todo o Sol, exceto a coroa.

UM LAR MAGNÍFICO
Nossa Terra está flutuando no espaço!

Já pensou nisso antes?

A Terra está cheia de poeira de estrelas!
Assim como todos os objetos do universo, com o passar dos anos, ela foi esfriando e logo se transformou em rocha maciça.

CROSTA
É a superfície da Terra e onde se desenvolvem todas as formas de vida.

NÚCLEO
É o centro do planeta e funciona como um grande ímã. Aqui, há rochas, ferro e outros metais líquidos incandescentes.

MANTO
A camada do meio é feita de uma rocha viscosa como o mel.

Gera uma força chamada **MAGNETISMO**. É o que faz funcionar a bússola e outros objetos de uso cotidiano.

GRUDADOS NO SOLO!
Se estamos rodeados de espaço vazio, por que não caímos?

OBSERVE SEUS PÉS
Em que você está pisando? O solo que sustenta você é parte da Terra.

Visto do espaço, nosso planeta é azul. Isso se deve à camada de ar que o rodeia, à atmosfera e à água abundante que existe em sua superfície.

A GRAVIDADE
É uma força tão potente que nos atrai à Terra. Por isso que tudo o que jogamos para cima... cai.
TIRE A PROVA!

A IMPORTÂNCIA DA ATMOSFERA

Esta camada de gás, que cobre todo o nosso planeta, é fruto da atividade dos vulcões durante milhares e milhares de anos. Sem ela, não haveria vida na Terra.

UMA CAMADA PROTETORA
Os meteoros que entram na atmosfera se desintegram por causa do atrito com os gases; por isso, não atingem a Terra. Além disso, a atmosfera absorve muitas radiações solares que poderiam nos prejudicar.

TELESCÓPIO ASTRONÔMICO
Daqui, conseguimos observar o universo.

Aprendemos a voar e a flutuar pela atmosfera.

O oxigênio da atmosfera nos permite respirar.

A ÁGUA E A VIDA
O vapor da atmosfera tornou possível a chuva, que encheu os mares e oceanos. Sem água, a vida em nosso planeta nunca teria surgido.

Foi na água que apareceram os primeiros seres vivos!

Raios e trovões!

O CLIMA ATMOSFÉRICO
Os deslocamentos das massas de ar da atmosfera dão origem aos fenômenos meteorológicos.

Qual será o clima de amanhã?

Os aviões ajudam em nossos deslocamentos.

Utilizamos os satélites para nos comunicar e nos orientar.

CUIDAR DO PLANETA
Este belíssimo corpo celeste é nosso lar e de muitas espécies animais e vegetais. Temos a obrigação de cuidar dele para que todos possamos viver bem.

É importante conhecer o planeta! Viajar, ler, pesquisar... Conhecer a fundo a Terra nos ajudará a cuidar melhor dela. E você descobrirá que é um tema apaixonante!

A TERRA SE MOVE...
E A GENTE VAI COM ELA!

A ROTAÇÃO COMO UM PIÃO

A Terra gira em seu eixo. **Leva 24 horas para dar uma volta** e, quando ela gira, algumas áreas recebem luz e outras ficam na sombra. Por isso, temos os dias e as noites.

O PASSAR DAS HORAS

Vamos fazer um passeio por elas?

QUANTOS MOVIMENTOS!

A Terra gira em seu próprio eixo e translada ao redor do Sol. Também se desloca, com todo o Sistema Solar, pela Via Láctea.

ENQUANTO VOCÊ ESTÁ LENDO ESTE LIVRO, A TERRA ESTÁ GIRANDO A MAIS DE 1.600 KM/H.

O horário não é o mesmo em todos os lugares da Terra.

Na Espanha, são 10 da noite e já é hora de dormir.

Em um mesmo momento, o Japão, a Argentina e a Espanha estão em horários diferentes.

No Japão, são 7 da manhã. Hora do café da manhã!

Conhece o **EQUADOR**?

EIXO DA TERRA
Passa pelos Polos Norte e Sul.

Na Argentina, são 5 da tarde. Que tal um passeio de bicicleta?

FUSOS HORÁRIOS
São faixas imaginárias que indicam a hora em cada lugar do planeta.

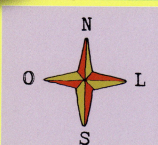

ROSA DOS VENTOS
Serve para identificar os pontos cardeais. Você sabe quais são?

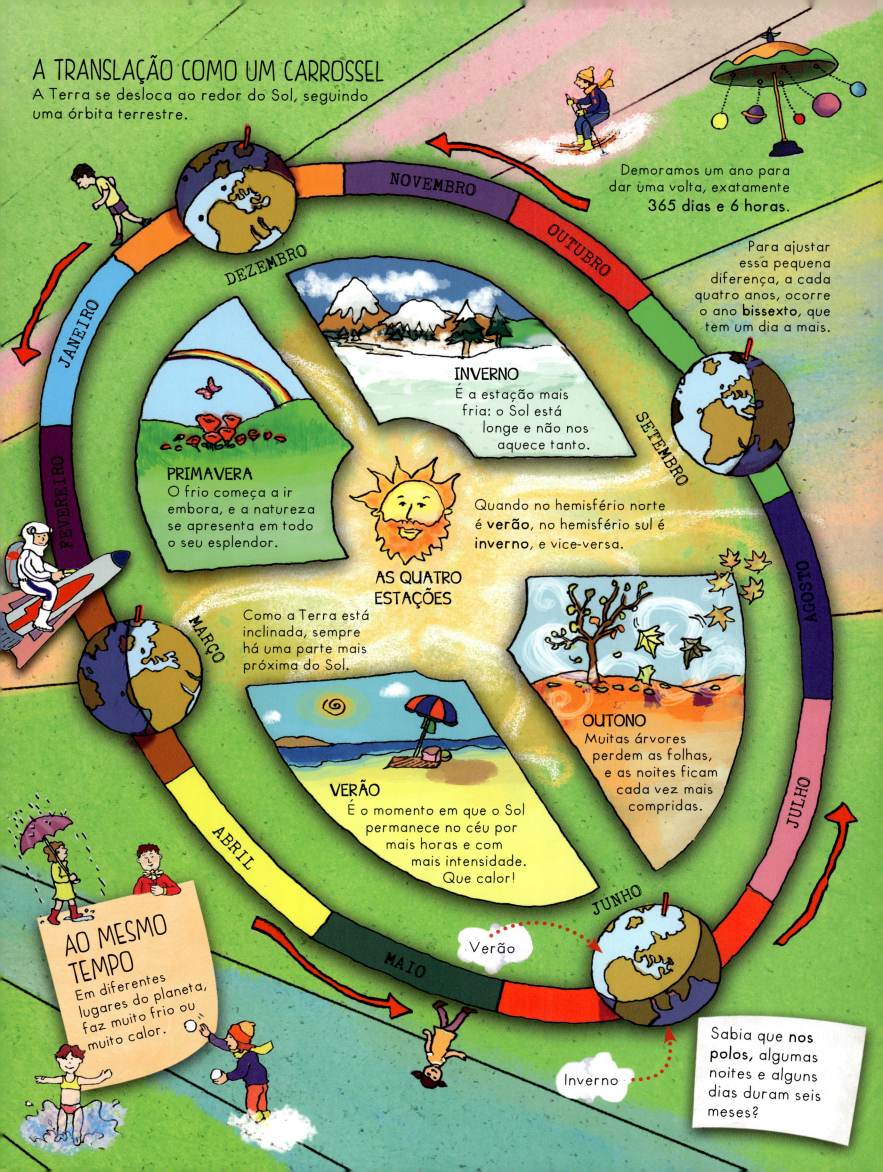

OBSERVE O CÉU À NOITE
O QUE VOCÊ VÊ?
A Lua e milhares de estrelas!

Observar o céu em uma noite estrelada é muito interessante.

Hidra

Leão

Desde a Antiguidade, o ser humano tem usado as estrelas para se orientar.

Incrível!

EM UMA NOITE "SEM LUA", É POSSÍVEL VER CERCA DE 6 MIL ESTRELAS.

TELESCÓPIO
Com ele, podemos ver os anéis de Saturno e as crateras da Lua. Esse instrumento maravilhoso **permitiu** que os astrônomos **aprendessem** muito sobre o universo.

CONHECE A BÚSSOLA?
No mar ou no campo, é sempre útil ter uma bússola. Sua agulha imantada **nos indica o norte**; a partir dele, sabemos os outros pontos cardeais e podemos nos orientar.

SEXTANTE
Este aparelho era usado pelos navegadores para saber a posição de um barco ao medir o ângulo entre o Sol e o horizonte.

20

AS CONSTELAÇÕES

Estes desenhos, feitos a partir das estrelas, representam personagens fantásticos. Além de serem belas e de terem sua própria história, as constelações **ajudam a nos situar e a estudar os movimentos dos astros.**

Procure-as no céu!

- Escorpião
- Ursa Menor
- Ursa Maior
- Cassiopeia
- Órion
- Cruzeiro do Sul

MAPA ESTELAR
Com ele, você encontrará as estrelas de cada hemisfério.

Céu do Norte — Estrela Polar
Céu do Sul — Cruzeiro do Sul

Nem todo mundo vê o mesmo céu.

Na Ursa Menor, encontra-se a **Estrela Polar**, que indica sempre o norte.

AGORA, O GPS
Hoje, a tecnologia nos permite saber onde estamos, graças ao GPS, que funciona com **satélites**.

AS ESTRELAS MOSTRAM O CAMINHO
Conhecer as constelações ajuda a nos orientar. As estrelas foram o primeiro instrumento que nossos antepassados usaram para não se perderem.

ASTROLÁBIO
É um instrumento muito antigo. Graças a ele, os navegadores podiam **medir a altura dos astros** e saber **onde estavam** em determinada hora.

LUPAS PARA O CÉU
VALEU, TELESCÓPIO!

O MELHOR ALIADO PARA SABER MAIS SOBRE O UNIVERSO

Servem para **ampliar a imagem de objetos muito distantes**; assim, podemos vê-los como se estivessem bem mais perto.

O grande astrônomo Galileu Galilei fabricou um telescópio há cerca de 400 anos e, com esse instrumento, fez grandes descobertas. Desde então, a ciência evoluiu muito.

Antes de inventarem o telescópio, **era muito difícil obter informações dos astros**. Os cientistas observavam o céu e mediam o movimento dos planetas e das estrelas, vistos como **pequenos pontos de luz**.

COMO FUNCIONAM?
Captam a luz dos astros e ampliam sua imagem.

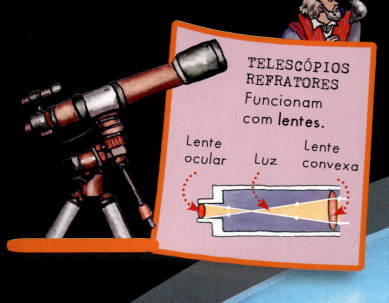

TELESCÓPIOS REFRATORES
Funcionam com **lentes**.
Lente ocular — Luz — Lente convexa

TELESCÓPIOS REFLETORES
Usam **espelhos**.
Lente ocular — Espelho primário — Espelho secundário — Luz

Há duas ferramentas básicas: lentes e espelhos.

OBSERVATÓRIOS

Em regiões elevadas, longe das luzes das cidades, podemos encontrar **telescópios ópticos** imensos. Geralmente, ficam dentro de uma **cúpula rotativa**, para poder observar em todas as direções.

O GTC
Um dos maiores do mundo é o **Gran Telescopio Canarias**. Tem um espelho de mais de 10 metros e consegue ver a luz visível e a infravermelha de nebulosas e galáxias.

Telescópios espaciais

O MARAVILHOSO HUBBLE

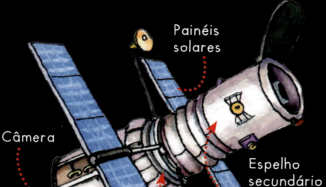

- Painéis solares
- Câmera
- Espelho secundário
- Espelho primário
- Antenas de comunicação

Estes telescópios trabalham no espaço, por isso **conseguem enviar imagens muito nítidas** de lugares bem distantes.

Gira em torno da Terra a quase 600 km de distância, e fica virado para o universo. Tira fotos de objetos que estão a mais de 13 bilhões de anos-luz!

Assim, podemos ver a galáxia **Nuvem de Magalhães**.

Em 2013, uma sonda espacial, a Voyager, **saiu do sistema solar** pela primeira vez.

SONDAS ESPACIAIS

São **observatórios espaciais enviados para investigar planetas** ou outros astros. Voyager 1 e Voyager 2 orbitaram Júpiter, Saturno, Urano e Netuno.

O satélite TDRSS transmite informações do Hubble.

RODAS EM MARTE

Algumas naves levam veículos projetados para pousar no solo de um planeta. O Sojourner foi o primeiro a explorar Marte e recolheu fotos e informações durante 3 meses.

ASTRONÔMICOS

RADIOTELESCÓPIOS
Recebem as ondas de rádio que vêm do universo. Eles têm antenas enormes para capturar as ondas, que são gravadas e enviadas para um computador para análise.

FAST
Em 2016, inaugurou-se na China este grande radiotelescópio esférico, cujo **diâmetro é de 500 metros**.

23

O UNIVERSO NA HISTÓRIA

Em cada canto do mundo e em todas as épocas, diferentes povos interpretaram os astros e desenvolveram suas ideias a respeito do universo. Assim nasceu **a astronomia**!

A EXPLICAÇÃO DO UNIVERSO

Cláudio Ptolomeu

Viveu há quase 2.000 anos e foi o primeiro a dar uma explicação científica do universo, ainda que acreditasse que **a Terra estava no centro**, e que a Lua, os planetas e o Sol giravam ao redor dela.

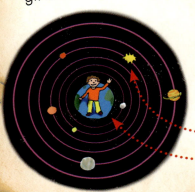

Armilar
Sol
Terra

Nicolau Copérnico

Indo contra a opinião dominante, defendeu que **a Terra girava ao redor do Sol**, e não o contrário, e que era o Sol o centro do universo.

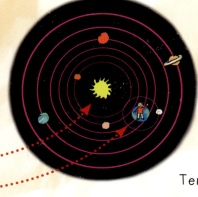

Sol
Terra

Galileu Galilei

Foi o primeiro a utilizar um telescópio para observar os astros e descobriu que **nem a Terra, nem o Sol eram o centro do universo**, e sim que faziam parte de milhões de estrelas e galáxias.

Sistema Solar
Terra
Telescópio

MONUMENTOS MAGNÍFICOS

Civilizações muito antigas usaram seus conhecimentos de astronomia para projetar obras imensas.

Stonehenge
Estas enormes pedras do período Neolítico estão dispostas de forma que mostram um alinhamento com a Lua e o Sol.

Machu Picchu
São ruínas de uma cidade inca. Havia ali um observatório astronômico de onde se estudaram os movimentos do Sol.

Pirâmides do Egito
As pirâmides de Gizé estão dispostas como as três estrelas centrais do cinturão de Órion.

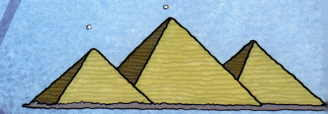

ORGANIZAR E MENSURAR O TEMPO

Os movimentos do Sol e da Lua no céu serviram, durante muito tempo, como um guia para organizar o tempo e estabelecer as épocas ideais para realizar tarefas agrícolas. Cada povo inventou seu próprio **calendário**.

CALENDÁRIOS DO MUNDO
São diferentes quando guiados **pelo Sol** ou **pela Lua**.

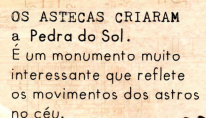

OS ASTECAS CRIARAM a **Pedra do Sol**. É um monumento muito interessante que reflete os movimentos dos astros no céu.

OS MAIAS criaram uma **roda calendárica**, combinando dois calendários: o **Tzolkín** e o **Haab**. Veja como é bonita!

OS EGÍPCIOS inventaram o primeiro calendário solar. Observaram o rio Nilo e o relacionaram aos astros, encontrando três períodos que se repetiam: **inundação, aparição dos campos e seca**.

O CALENDÁRIO CHINÊS se baseia na Lua. Tem ciclos de 12 anos, e cada um recebe o nome de um animal.

O CALENDÁRIO GREGORIANO é o que se utiliza mundialmente hoje em dia. É muito preciso!

25

LUA DE CRISTAL
SEMPRE COMPANHEIRA!

Bela e branca, ilumina o céu em nossos passeios noturnos.

A Lua é nosso **satélite natural**. Gira ao redor da Terra, atraída pela força da gravidade.

COMO A LUA NASCEU?
Existem várias teorias; uma delas diz que surgiu de um **choque enorme** entre um meteoro, do tamanho de Marte, com a Terra.

A FACE OCULTA DA LUA
A Lua sempre nos mostra a mesma face. Sabe por quê? Porque leva o mesmo tempo para dar a volta na Terra e para girar em seu eixo: 27 dias e 7 horas.

Por que muda de forma?

A Lua tem um aspecto diferente a cada noite, porém, nunca altera sua forma. Ocorre que, às vezes, a vemos inteira e, em outras, somente uma de suas partes.

Sol

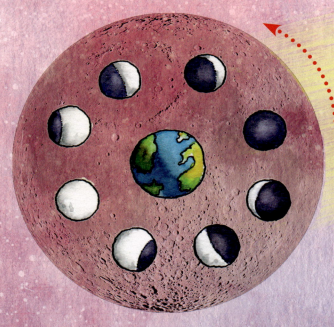

A LUA E AS MARÉS
SOBE O MAR, BAIXA O MAR...

Apesar de ser bem menor que a Terra, sua força gravitacional influencia o planeta.

A Lua provoca alterações no nível do mar. Já viu uma praia com maré alta e depois com maré baixa?

FASES DA LUA

Lua nova | Lua crescente | Quarto crescente | Lua minguante | Lua cheia

26

BRINCANDO DE ESCONDE-ESCONDE... OS ECLIPSES

Às vezes, **os astros se alinham** de modo que ficam **ocultos** ao olharmos da Terra. Não é um acontecimento muito frequente, mas é um espetáculo que vale a pena contemplar.

Em um **ECLIPSE SOLAR**, o Sol (parcial ou totalmente) se esconde atrás da Lua. Um dos casos mais bonitos é o **eclipse anular**, quando só vemos a borda do astro, como um anel.

ECLIPSE DO SOL
A Lua cobre o Sol

Nunca olhe diretamente para um eclipse! Você pode usar óculos com filtro especial, mas, mesmo assim, não é bom olhar por mais de 30 segundos.

Eclipses do Sol

parcial — total — anular

Eclipses da Lua

parcial — total — penumbral

ECLIPSE DA LUA
A Terra cobre a Lua.

No **ECLIPSE DA LUA**, a Terra se interpõe entre a Lua e o Sol, fazendo sombra. Assim, a Lua fica escurecida e avermelhada... **É lindo!**

Quando o Sol e a Lua se alinham sobre a Terra, os efeitos são maiores. Com isso, ocorre um fenômeno chamado **marés vivas**.

Maré alta (sobe o nível do mar)

Maré baixa (desce o nível do mar)

CHEGAR A LUA
UM SONHO QUE SE TORNOU REALIDADE!

A PRIMEIRA VEZ QUE O HOMEM PISOU NA LUA FOI UM MOMENTO ESPECIAL.

20 de julho de 1969

"É um pequeno passo para um homem, mas um grande salto para a humanidade."

NEIL ARMSTRONG

Neil Armstrong, Edwin E. Aldrin e Michael Collins chegaram à Lua a bordo da **nave Apolo 11**.

Mar das Chuvas

SALTOS DE GIGANTE
Na Lua, a força da gravidade é menor, por isso **somos mais rápidos** e podemos dar grandes saltos. É como se pesássemos 6 vezes menos.

EXISTE MAR NA LUA?
Sim, mas não tem água como na Terra. São planícies muito **grandes e de cor escura**, e se formaram pela lava dos vulcões lunares, milhões de anos atrás.

Montes Apeninos

Mar das Nuvens

UMA GRANDE HONRA
Neil Armstrong entrou para a história por ser o primeiro astronauta a pisar na Lua.

EXPLORAR A LUA

Na missão Apolo 15, usaram este **veículo de exploração**.

MUITOS PROJETOS
Para o ano 2020, a NASA planeja criar módulos habitáveis na Lua, como os da Estação Espacial Internacional.

28

MAPA LUNAR

Sonda Lunar Prospector

A LUA É UMA ESFERA DE ROCHA CHEIA DE CRATERAS, MARES E MONTANHAS.

Mar da Serenidade

Cratera Platão

Mar da Tranquilidade (foi aqui que a Apolo 11 alunou).

Montes Alpes

E MONTANHAS BEM ALTAS!
Sabia que na Lua existe uma montanha 2.000 metros mais alta que o Everest? Chama-se Leibnitz.

Monte Leibnitz

É MESMO BRANCA?
A superfície da Lua tem um tom entre **cinza e marrom**. Nós a vemos branca porque ela reflete, como um espelho, a luz do Sol.

CRATERAS GIGANTES
O espaço está cheio de meteoros, pedaços de rocha enormes que podem se chocar com outros astros. Como a Lua não tem atmosfera para protegê-la, podemos ver as marcas desses impactos: **as crateras.**

VOCÊ VIVERIA NA LUA?

Uma aldeia na Lua
Existe um projeto da Agência Espacial Europeia com esse objetivo. Ela teria vários módulos infláveis, como pequenos andares, conectados uns aos outros por corredores cobertos.

Parece incrível!

Nave Clementine

Pesquisadores e cientistas poderiam viver ali.

Acredita-se que seria possível cultivar verduras em estufas, gerar energia e fabricar a água necessária para beber.

Painéis solares

Radar

Aldeia lunar

Nesta base de exploração lunar, haverá robôs para ajudar os humanos.

QUER SER ASTRONAUTA?

Se o seu sonho é viajar pelo espaço, ver de perto os astros e pisar na Lua...
VOCÊ PODE SE TORNAR UM DELES!

Vai precisar estudar muito e aprender a se movimentar sem gravidade.

TREINAMENTO PARA ASTRONAUTAS

QUE TONTURA!
Com este giroscópio, os astronautas giram em todas as direções. Ao descer, eles podem não saber direito onde está o chão...

AVIÃO DO VÔMITO
Este avião sobe bem alto e depois cai rapidamente, como a montanha-russa mais impressionante de todas! Assim, os astronautas se acostumam com a **queda livre**.

MUITO ESTUDO
Ciências espaciais, aviação, geografia, matemática... Também devem manipular muito bem alguns programas de computação e saber conduzir diversos experimentos.

TRIPULAR NAVES
Os futuros astronautas devem aprender a lidar **muito bem com as naves** que viajam ao espaço.

MERGULHO
Treinam em grandes profundidades, onde a gravidade é maior. **Assim, aprendem a se mover** pesando quatro vezes mais.

SOBREVIVÊNCIA
O transporte de volta para casa pode cair em um lugar imprevisto. Por isso, eles devem estar preparados para sobreviver em situações extremas, seja na terra ou no mar.

SEM GRAVIDADE
Isto parece divertido! Aprendem a viver em um espaço com gravidade zero. Fazem comida, dormem, trabalham... **tudo flutuando.**

30

QUE BELO TRAJE!

O equipamento para astronautas é projetado para proteger contra radiação, impactos de lixo espacial e temperaturas extremas.

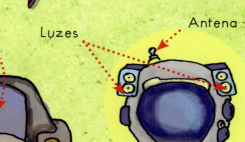

VEJA TUDO O QUE CONTÉM!

Fones de ouvido e microfone

Luzes

Antena

CAPACETE
É muito resistente; protege de golpes e radiações.

Podem aparecer mensagens escritas na tela do capacete.

Furadeira

Recipiente para bebida

O traje EMU tem 14 camadas.

TRAJE EMU
Pesa cerca de 75kg. Com ele, podem permanecer 9 horas no espaço, fora da nave.

REFRIGERAÇÃO
Tem uma camada com sistemas de ventilação e mangueiras para evitar superaquecimento.

Luvas

Amarras

Fralda

OUTROS MODELOS DE TRAJES ESPACIAIS:

ACES
Utilizado para o lançamento e a aterrissagem.

SOKOL
Projetado para a nave Soyuz.

Proteção do joelho

MOCHILA
Ventilador
Oxigênio
Água refrigerada
Sistema de eletricidade

Altímetro

ASTRONAUTAS QUE ENTRARAM PARA A HISTÓRIA.

NEIL ARMSTRONG
A primeira pegada na Lua foi a dele.
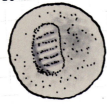

YURI GAGARIN
O primeiro a viajar para o espaço.

PEDRO DUQUE
Grande astronauta espanhol.

VALENTINA TERESHKOVA
A primeira mulher astronauta.

A ESTAÇÃO ESPACIAL INTERNACIONAL

UM GRANDE CENTRO DE PESQUISA

Do tamanho de um campo de futebol, é o maior objeto artificial já enviado ao espaço, e foi construído em módulos.

Cooperação internacional
Vários países criaram este imenso explorador que **orbita a Terra 400 km acima das nossas cabeças**. É tão rápido que leva uma hora e meia para dar a volta no nosso planeta, e o faz quase 16 vezes por dia.

Unity
Este módulo cilíndrico, lançado em 1988, foi o primeiro. A partir dele, a estação foi sendo ampliada.

PAINÉIS DE CONTROLE TÉRMICO
Estes radiadores térmicos **refrescam** a nave, expulsando o calor de dentro.

PLATAFORMA DE ENERGIA
Estes painéis se movem constantemente para ficarem virados para o Sol. **Captam a energia solar** e a transformam para ser usada na estação.

Nos LABORATÓRIOS, são feitos experimentos de muitos tipos.

Columbus
Laboratório europeu

Harmony
Aqui há 4 compartimentos individuais para dormir.

Kibo
Laboratório japonês

Destiny
Laboratório da NASA (Estados Unidos)

32

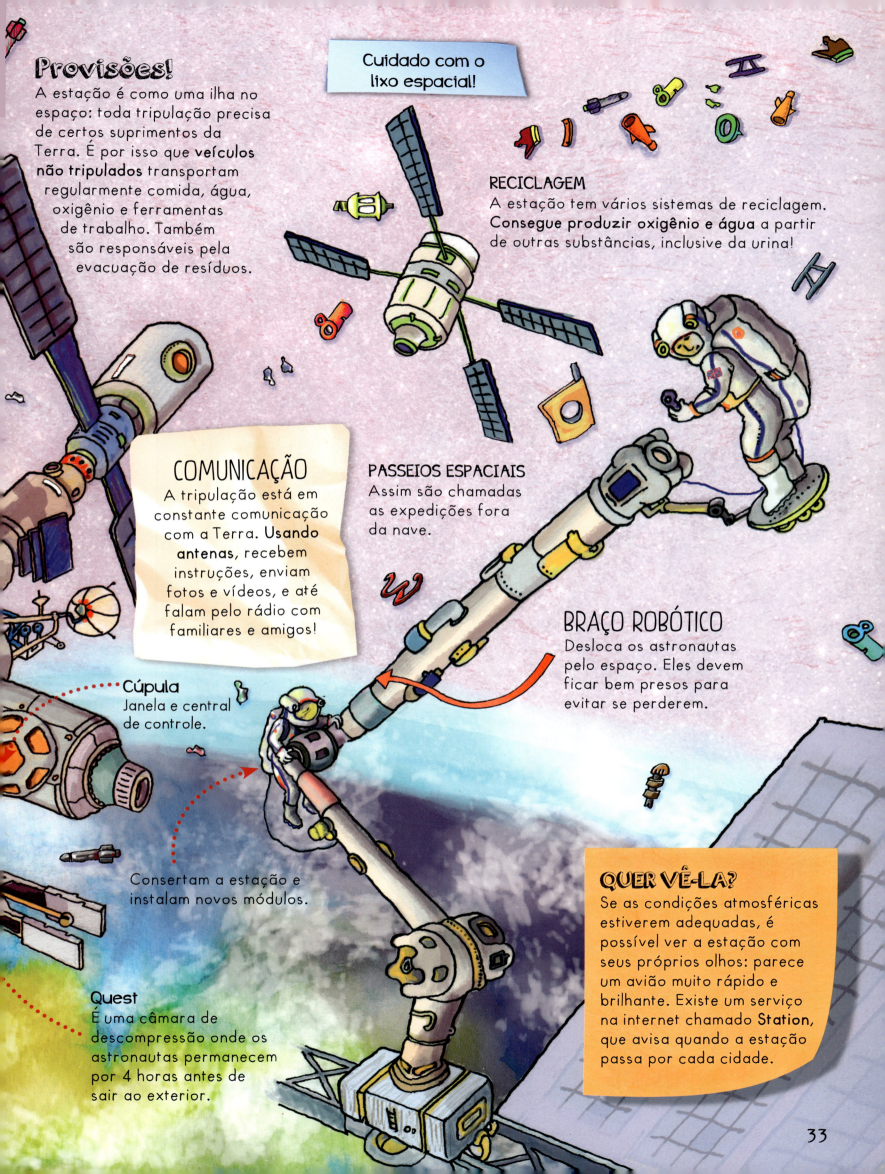

VIVER NO ESPAÇO

ALI NÃO HÁ GRAVIDADE!

Imagine que você é tão leve...

Parece divertido, mas não é fácil: imagine um lugar onde tudo está flutuando. A tripulação da Estação Espacial Internacional deve prender todos os objetos às paredes, ao teto ou ao piso, e até eles mesmos precisam se segurar!

MORADORES
Na Estação Espacial Internacional, vivem entre 3 a 6 astronautas, que são substituídos a cada **6 meses**.

HORA DE COMER!
O alimento espacial é **armazenado em saquinhos**. Basta adicionar um pouco de água morna e pronto!

Muitas vezes cobrem os olhos.

A cama fica presa à parede.

A ÁGUA É UM TESOURO
Uma parte é trazida da Terra, outra é reciclada na nave. Precisam "pescá-la" para escovar os dentes, beber ou cozinhar.

Aqui, tudo fica muito organizado!

Que divertido!

O banheiro é muito pequeno. Um aspirador absorve os resíduos. Cada astronauta tem sua própria mangueira para urinar.

HIGIENE PESSOAL
Os astronautas se lavam com uma esponja ensaboada e não precisam se enxugar depois. **Tomar banho é uma aventura**, e pentear o cabelo, quase impossível.

INTERIOR ACOLCHOADO
Tornam as paredes mais macias. É fácil dar impulso lá de cima!

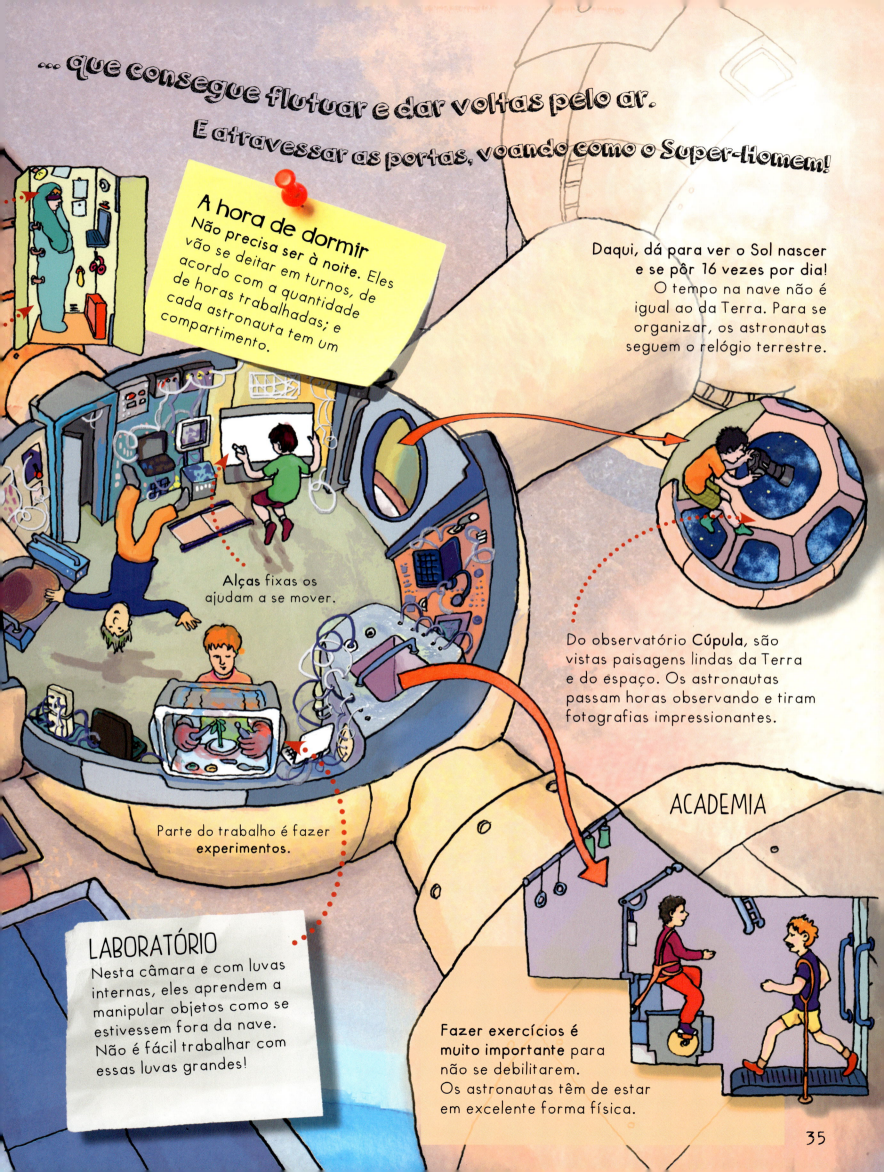

UMA FAMÍLIA DE PLANETAS
O sistema solar... ...é a nossa vizinhança no espaço!

ESTE SISTEMA PLANETÁRIO, nascido há 4,5 bilhões de anos, está cheio de astros maravilhosos e de muitas surpresas.

Vista o traje espacial, pois faremos uma viagem inesquecível!

O SOL é o único integrante do sistema solar que tem luz própria, por ser uma estrela.

O CINTURÃO DE ASTEROIDES É uma região onde há milhões de pedaços de rocha que se soltaram durante a formação dos planetas.

O GRANDE SOL coroa o centro, e todos nós giramos em torno dele. Com as órbitas, formamos um carrossel gigantesco: planetas, asteroides, cometas, meteoros e alguns planetas-anões.

MERCÚRIO

TERRA

Os planetas giram em seus eixos, dando origem a **seus dias** e **suas noites**.

VÊNUS

Alguns têm **satélites**, como a nossa Lua, e **anéis**.

MARTE

Os quatro planetas mais próximos do Sol, **MERCÚRIO, VÊNUS, TERRA e MARTE**, são planetas rochosos, formados por rocha compacta.

Milhões de km: 250   775   1.500   2.800

Júpiter   Saturno   Urano

O PLANETA DOS ANÉIS

VIAGEM A SATURNO

Saturno é belo por natureza. **Seus anéis estão cheios de pedaços de gelo e poeira.** Alguns deles são pequenos como uma formiga; outros são grandes como um campo de futebol. Dá para vê-los com um telescópio!

OS ANÉIS
Acredita-se que são restos de **uma antiga lua** que havia no planeta e que se desintegrou há milhões de anos. Com o tempo, poderiam desaparecer.

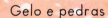
Gelo e pedras

Não é o único planeta com anéis, mas o único cujos anéis conseguimos ver daqui da Terra.

PURO GÁS
Este planeta é todo de gás, assim como as estrelas, só que não tão quente, por isso não queima.

Saturno é tão leve que, se coubesse no oceano, ficaria flutuando!

VOCÊ SABIA?
Galileu foi o primeiro a ver que Saturno tinha umas partes diferentes, uma espécie de orelhas.

Há cerca de 400 anos, descobriu os anéis, porém, a imagem de seu telescópio não era muito precisa.

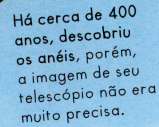

AS LUAS DE SATURNO

É o planeta com mais satélites!

UM PIÃO VELOZ
Saturno é tão grande quanto rápido em seu movimento de rotação. Seu dia tem apenas 10 horas e 42 minutos. E um ano equivale a 29 dos nossos. Sua forma o ajuda a mover-se rapidamente: é um pouco **achatada** nos polos e **barriguda** no equador.

Tem mais de 200 luas, porém apenas 62 foram identificadas. Aqui, você pode ver algumas.

Veja que bonitas! **Pan** orbita pelo interior dos anéis. **Encélado** está repleta de gêiseres, que são fontes que lançam água no espaço. A maior é **Titã**.

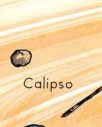
 Voyager 1

 Calipso
Atlas
 Encélado
 Pan
 Febe
 Dione

O **Telescópio Espacial Hubble**, as missões **Voyager 1 e 2** e a longa viagem da **sonda Cassini** nos deram muita informação e lindas fotos de Saturno e suas luas....

Sonda Cassini

Titã, uma lua especial

Uma paisagem não tão diferente...

Em 2005, a sonda Huygens pousou na superfície de Titã. As imagens mostraram uma paisagem desértica, com um chão de gelo. Há também lagos, costas e chuva, não de água, **mas de gás metano!**

Titã é a única lua com uma atmosfera densa. A temperatura é de cerca de -200°C.

Sonda Huygens

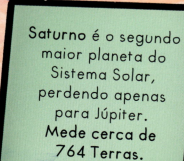

Saturno é o segundo maior planeta do Sistema Solar, perdendo apenas para Júpiter. Mede cerca de 764 Terras.

39

GIGANTES E ANÕES
JÚPITER, A GRANDE BOLA DE GÁS

PARECE PINTADO COM PINCEL
Júpiter não tem uma superfície sólida, é tudo gás. Sua aparência é muito colorida, com faixas e manchas de diferentes tonalidades. São áreas **enormes de nuvens com tempestades e ventos de até 500 km/h.**

A GRANDE MANCHA VERMELHA
É o maior e mais conhecido planeta. Foi formado por uma tempestade que começou séculos atrás e tem o dobro do tamanho da Terra.

Sonda Juno

UM ÍMÃ ENORME
Júpiter tem cinturões de radiação muito perigosos para as sondas de exploração. É também o planeta com o campo magnético mais forte.

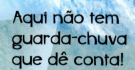

Aqui não tem guarda-chuva que dê conta!

Júpiter é o maior planeta do Sistema Solar. **Mede mais de 1.300 Terras.** Seu dia dura quase 10 horas.

VALEU, JÚPITER!
O tamanho e a enorme força atrativa de Júpiter nos protegem **do lixo espacial.** A maior parte é atraída pela sua órbita antes de conseguir alcançar a Terra.

PLUTÃO E OS PLANETAS-ANÕES

Cinturão de Kuiper

Até recentemente, **Plutão** era considerado o planeta mais distante do Sistema Solar. Hoje, pertence à categoria de **planetas-anões**, como Ceres, Éris, Makemake e Haumea.

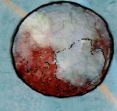 Plutão

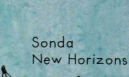 Sonda New Horizons

 Caronte

MUITO PARA DESCOBRIR
A sonda Juno é a que mais se aproximou de Júpiter. Ela chegou à sua órbita depois de viajar por 5 anos e enviou **algumas imagens espetaculares desse planeta.** Dá para vê-los no site da NASA!

PLUTÃO TAMBÉM TEM LUAS
Caronte é a maior. O planeta e seus satélites giram juntos, como um belo grupo dançando.

 Ceres

São considerados anões porque, além de serem menores que a Lua, **não têm tanta gravidade** quanto os outros planetas.

PLUTÃO, UM ANÃO GELADO
Em sua superfície, há elevações de gelo e neve. A temperatura de 230°C.

 Haumea

OS PLUTOIDES
Este é o nome de todos os planetas-anões que estão além da órbita de Netuno. São muitos!

As muitas luas de Júpiter

Júpiter tem mais de 60 satélites. Os maiores são **Io, Europa, Ganímedes e Calisto.** Eles foram descobertos por Galileu Galilei em 1610, e podem ser vistos com binóculos da Terra!

IO
Uma lua com mais de **400 vulcões.** Ela tem a cor amarela por causa da presença de enxofre.

 Europa

 Io

EUROPA
Sua crosta é formada por **água gelada**, por isso, acredita-se que há um oceano dentro dela. **Pode haver vida ali!**

Plutão é 6 vezes menor que a Terra e leva 248 anos para completar sua volta em torno do Sol.

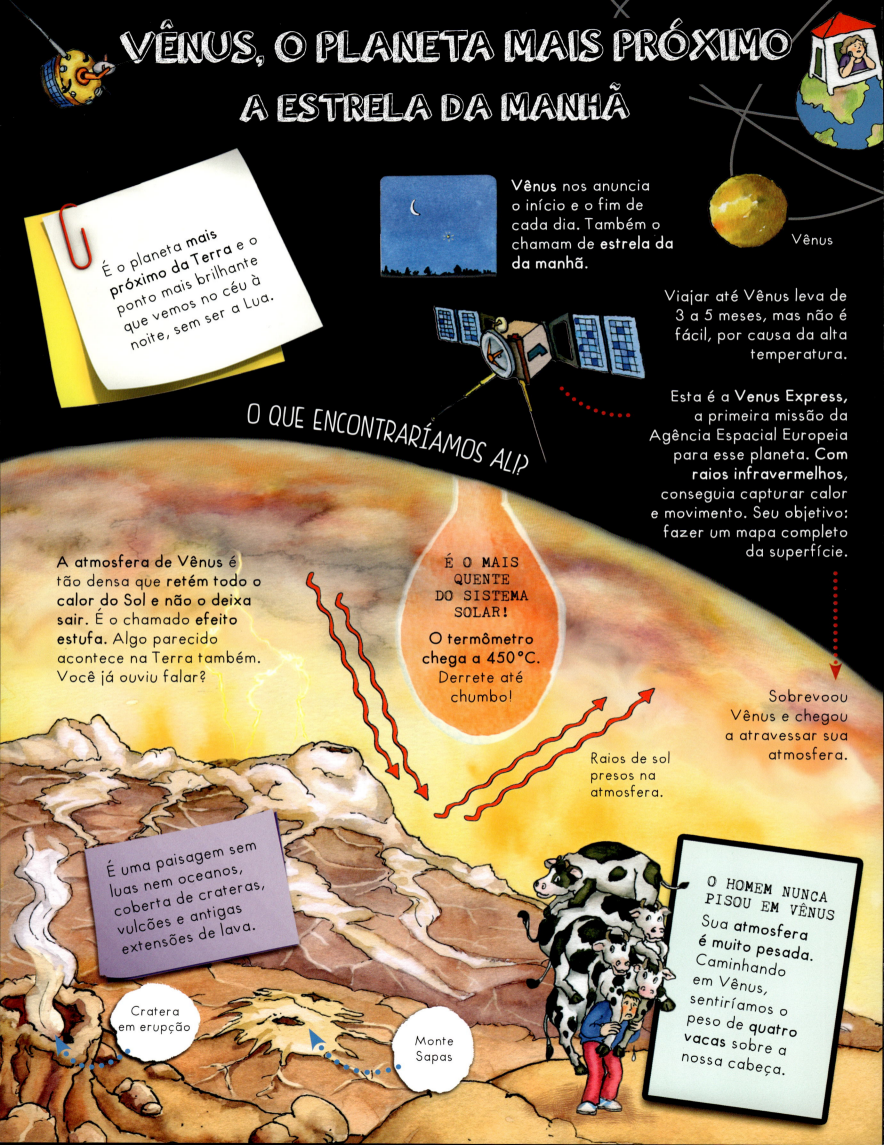

MARTE, O PLANETA VERMELHO
TEM ALGUÉM AÍ?

Marte

Da Terra, nós o vemos a olho nu como uma **estrela de tom vermelho alaranjado**.

UM DESERTO AVERMELHADO
A cor da superfície de Marte se assemelha ao de um prego enferrujado. Isso ocorre porque as rochas marcianas têm óxido de ferro.

ExoMars

UM DOS PLANETAS MAIS EXPLORADOS
Foram realizadas muitas **missões** para chegarmos ao planeta vermelho. Até mesmo alguns robôs exploraram sua superfície para estudá-la. Algumas das missões mais recentes foram **Mars Odyssey, Spirit, Opportunity** ou **ExoMars**.

Sabia que diversas paisagens terrestres se parecem com as de Marte?

Acredita-se que em algum momento **houve água em sua superfície** e que ainda há água debaixo do solo!

A temperatura é de cerca de -50°C, e nos polos, há calotas de **gelo**.

O monte Olimpo é o maior do Sistema Solar.

Spirit

Este é o Everest da Terra.

Labirinto da noite

Valles Marineris

Veículo da **missão** Opportunity

OS MARCIANOS EXISTEM?
É possível que, no passado, houvesse **formas simples de vida**. Sem dúvida, é o planeta mais habitável do Sistema Solar, depois da Terra.

Marte tem leitos de rios secos, dunas, vales e vulcões enormes.

Muitas vezes, já imaginamos ter vizinhos no universo.

EXPLORAÇÃO ESPACIAL
O sonho do ser humano

Viajar ao espaço é um desejo muito antigo. Começou a se tornar uma realidade no século XX.

PREPARAR. APONTAR. JÁ!

Há cerca de 60 anos, a Rússia iniciou **a corrida espacial**. A bordo da nave Sputnik 2, a cachorrinha Laika foi enviada ao espaço e orbitou a Terra.

Graças aos avanços tecnológicos, temos mandado ao espaço naves com e sem tripulação.

ANIMAIS NO ESPAÇO
Antes de fazer teste com as pessoas, os animais foram enviados para ver como seu corpo reagia ao se afastar da Terra.

A macaca **Baker** voou em um míssil como este a uma altura de 500 km e pousou em segurança.

Sam e Enos foram os primeiros chimpanzés a ver a Terra do espaço, graças à NASA.

Foram enviados aranhas, peixes, rãs, roedores... e **até caracóis**!

Felicette foi a primeira gata astronauta. Viajou cerca de 100 km e desceu de paraquedas.

Heróis e heroínas

Yuri Gagarin foi o primeiro ser humano que viajou ao espaço. Foi em 1961, na nave Vostok 1.

Desde então, cerca de 600 astronautas decolaram da Terra, atingindo objetivos que antes pareciam um sonho.

Até aprendemos a viver e trabalhar nas estações espaciais.

TRÊS, DOIS, UM... ZERO!

Para que uma nave possa chegar ao espaço, precisa de muita potência. Deve superar a gravidade da Terra e alcançar uma grande velocidade, por isso, são usados foguetes lançadores.

COMO FUNCIONAM OS FOGUETES?

Seus três motores são muito potentes e funcionam a propulsão, expulsando gases para baixo com força suficiente para poder subir.

Cada motor se encarrega de uma etapa. Quando o combustível se esgota, ele se solta e cai, deixando a nave mais leve.

Um depois do outro, os motores impulsionam a nave até que ela alcance a velocidade de 28 mil km/h.

PARTES DE UM FOGUETE

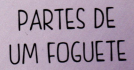

- Cone ou ogiva
- Carga útil
- Tanques de combustível
- Câmara
- Tubeira

CABO CANAVERAL

É o centro de lançamento de foguetes mais importante da NASA. Fica na Flórida, nos Estados Unidos.

Os foguetes Ariane são os foguetes europeus mais importantes.

Esta é a **cápsula** que transporta a nave onde vão os astronautas, um satélite ou telescópio espacial. Chamamos de **carga útil**.

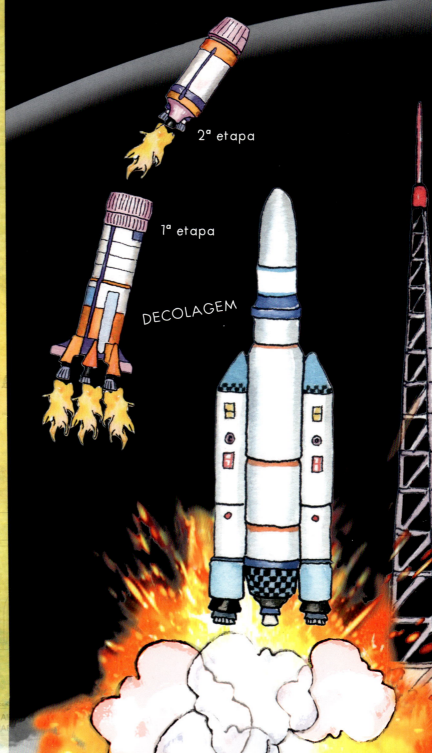

3ª etapa

2ª etapa

1ª etapa

DECOLAGEM

A ASTRONOMIA EM NOSSA VIDA
A ciência espacial trouxe avanços em outras áreas.

SATÉLITES ARTIFICIAIS
Há centenas de satélites orbitando a Terra com objetivos bem distintos. Aqui, mostramos alguns, mas existem muito mais.

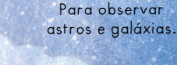

Meteorológicos
Nos ajudam a saber que clima teremos.

De comunicações
Funcionam como grandes antenas. Emitem sinais de rádio e televisão, mas também de telefone e internet.

Astronômicos
Para observar astros e galáxias.

TURISMO ESPACIAL
Você sabia que querem fazer um transporte para levar 100 passageiros para Marte? Em 80 dias, chegariam ao planeta vermelho e passariam um tempo em uma vila artificial.

Sabia que a NASA descobriu um novo Sistema Solar a cerca de 40 anos-luz do nosso?

Dizem que teria 7 planetas parecidos com a Terra e que talvez pudéssemos viver neles... Será que chegaremos a conhecê-los?

Seguimos aprendendo, porque tão grande quanto o universo é a curiosidade que ele nos desperta.